AF369985

Succession

DE

Mme la Princesse S. RADZIWILL

TABLEAUX

TRÈS IMPORTANTS

PAR

BRASCASSAT, SAINT-JEAN, GUDIN

WATELET, etc.

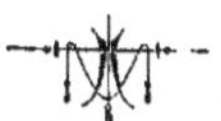

COMMISSAIRE-PRISEUR	EXPERT
Me BOUDIN	**M. B. LASQUIN**
Rue de la Grange-Batelière, 14	Rue Laffitte, 12

IMPRIMERIE MAULDE et RENOU

A. MAULDE & Cie

IMPRIMEURS DE LA COMPAGNIE DES COMMISSAIRES-PRISEURS

Rue de Rivoli, 144. — Paris

Succession

DE

Mᵐᵉ la Princesse S. RADZIWILL

CATALOGUE

DE

TABLEAUX

TRÈS IMPORTANTS

Par Brascassat, Saint-Jean, Th. Gudin, Watelet, etc.

DÉPENDANT DE LA SUCCESSION

De Mme la Princesse S. RADZIWILL

ET DONT LA VENTE AURA LIEU

HOTEL DROUOT, SALLE N° 3

Le Samedi 27 Février 1892

A TROIS HEURES

Me BOUDIN	M. B. LASQUIN
COMMISSAIRE-PRISEUR	EXPERT
Rue de la Grange-Batelière, 14	Rue Laffitte, 12

Chez lesquels on trouve le présent Catalogue

EXPOSITION PUBLIQUE

Le Vendredi 26 Février 1892, de une heure à six heures

PARIS — 1892

CONDITIONS DE LA VENTE

—

Elle sera faite au comptant.

Les Acquéreurs paieront CINQ POUR CENT en sus des
adjudications, applicables aux frais de vente.

* * *

A. MAULDE et Cⁱᵉ, imprimeurs de la Compagnie des Commissaires-Priseurs,
rue de Rivoli, 144.   600—21501

BRASCASSAT

1. Pâturage.

Dans un beau paysage arrosé par un cours d'eau qui se perd vers la gauche, et borné par une colline au bas de laquelle se trouvent des chaumières à demi cachées par des arbres, un taureau roux et blanc couché, vu de face, une vache noire et blanche debout et vue de côté, une brebis et son agneau couchés.

A droite, une vache couchée vue de dos et deux moutons sous la garde d'un jeune berger assis sur une barrière.

Plus loin, quatre autres vaches et divers bestiaux.

Œuvre capitale du maître animalier, rivalisant d'importance avec celles des galeries Paturle, 1871, Pereire, 1872, Lepké, 1874, et telle qu'il n'en est pas passé en ventes publiques depuis cette époque.

Signé au milieu su le terrain : R. Brascassat, 1853.

Toile : H. 0^m97. L. 1^m30.

GUDIN (Théodore)

2. Une Soirée à Venise.

Par une belle soirée pénétrante de poésie, à la clarté de la lune dont les rayons se reflètent sur les eaux, un jeune seigneur, appuyé sur une balustrade, tient enlacée une patricienne attendant la gondole qui s'avance vers la terrasse d'un riche palais. Près d'eux, un lévrier et un petit épagneul.

Dans la perspective, on aperçoit la Tour de Saint-Marc et le Palais des Doges.

Tableau célèbre du maître, signé et daté de 1845, illustré par la lithographie si connue et qui avait pour pendant une autre composition ayant pour titre : *Une Nuit à Naples*.

Toile : H. 1m. L. 1m36.

GUDIN (Théodore)

3. Marine.

Un bateau de pêche et plus loin un sloop
carguent leurs voiles devant l'orage qui
menace vers la gauche.

Signé à gauche et daté 1844.

Toile : H. 0^m38. L. 0^m63.

HAANEN (R. Van)

4. Paysage, Clair de lune.

La clarté de la lune s'échappant à travers
les nuages découpés sur le ciel se reflète sur
la rivière qui arrose le milieu du paysage,
dont l'étendue se perd à l'horizon.

A droite et à gauche, un village et diverses
habitations dans les arbres.

Signé à gauche et daté 1851.

Toile : H. 0^m39. L. 0^m67.

KNIP (A.)

5. Canards sauvages.

Bois : H. 0ᵐ21. L. 0ᵐ27.

LANCRET (Attribué à)

6. Pastorale.

Près d'une fontaine en pierre sculptée,
ornée de tritons, de pilastres et de vases, une
bergère assise et un berger coquet gardent
un petit troupeau de chèvres et de moutons ;
le jeune berger montre à sa compagne un
oiseau apprivoisé qu'il sort d'une cage.

Toile : H. 0ᵐ57. L. 0ᵐ47.

LANCRET (Attribué à)

7. Pastorale.

Une jeune bergère étendue à terre se défend des entreprises d'un galant berger qui veut lui ravir une rose.

A droite, une fontaine avec tritons, dauphins et cygnes en pierre sculptée.

Nous retrouvons dans une œuvre de LANCRET, gravée sous le titre : *la Servante iustifiée*, une grande analogie avec le groupe représenté dans ce tableau.

Toile : H. 0^{m}57. L. 0^{m}47.

SAINT-JEAN

8. Bouquet de fleurs à terre.

Un joli bouquet de fleurs, diverses roses, dahlias, chèvrefeuille, etc., dont la fraîcheur éclate en gouttelettes de rosée qui se répand sur les pétales, est posé à terre près d'une source jaillissant d'un monticule.

Des papillons voltigent autour des fleurs.

Tableau de la plus belle qualité du maître, signé en bas, à droite : Saint-Jean et daté de 1852.

Un tableau du même maître, de la même importance que celui-ci, a atteint le prix de 17,900 francs à la vente de la Galerie Pereire, faite en 1872.

Toile : H. 1^m. L. 0^m81.

SCHMIDT (1837)

9. Bestiaux au pâturage dans des paysages du Tyrol.

Deux tableaux formant pendants.

Toile : H. 0^m21. L. 0^m25.

VANNUCCHI

(Dit ANDRÉ DEL SARTO)

10. La Vierge, Jésus et saint Joseph.

La Vierge Marie à mi-corps, drappée dans une tunique rouge, tient devant elle l'Enfant Jésus debout et nu ; derrière ce groupe, saint Joseph.

Bonne peinture ayant subi diverses restaurations anciennes.

Anciennes Collections du Prince Dolgorouky et du Prince Pierre Soltikoff.

Panneau : H. 0^m84. L. 0^m65.

WATELET

11. Le Moulin à eau.

Dans un paysage du Tyrol, un torrent
impétueux descend des pentes escarpées de
la montagne et alimente d'une partie de ses
eaux un moulin à eau, derrière lequel passe
une route au milieu de grands arbres. Près
de là, d'autres habitations, une charrette
attelée de deux bœufs et trois villageois.

Fond de montagne dans la brume.

Très important tableau de l'artiste et de sa
plus belle facture. Signé et daté de 1852.

Toile : H. 0^m82. L. 1^m12.